SOUL
OF TOKIO

30 EINZIGARTIGE ERLEBNISSE

VON FANY UND AMANDINE PÉCHIODAT
CO-AUTORIN: IWONKA BANCEREK
MIT ILLUSTRATIONEN VON KANAKO KUNO

JONGLEZ VERLAG

Reiseführer

鰹

鯡

鯛

„DER GESCHMACK JAPANS
IST DER GESCHMACK
EINES REISKORNS.

MAN BEISST *VORSICHTIG*
HINEIN.

UND HÖRT DANN
AUF SEIN HERZ."

FRANÇOIS SIMON

WAS SIE IN DIESEM REISEFÜHRER **NICHT FINDEN**

- die Handynummer der Touristeninformation von Tokio
- die japanische Übersetzung für „Ich möchte eine Fahrkarte kaufen"
- eine Liste der Medikamente, die Sie mit auf die Reise nehmen

WAS SIE IN DIESEM REISEFÜHRER **FINDEN**

- die Handynummer des besten Sushi-Restaurants der Stadt
- die japanische Übersetzung für „Ich möchte ein Waldbad nehmen"
- den Cocktail Ihres Lebens
- einen Restaurant-Geheimtipp in Shibuya
- einen hinter einem Floristen versteckten Teesalon
- das verrückteste Onsen
- die beste Kopfmassage
- die kleinste Buchhandlung der Welt
- die Kunst des Standing Sushi

Denn dieser Reiseführer richtet sich nicht an die, die zum ersten Mal nach Tokio kommen, sondern an alle, die die Stadt zum zweiten Mal besuchen. An die, die ihre geheimen Türen aufstoßen, sich auf die Suche nach ihrem Herzschlag begeben und sich bis in die hintersten Ecken durchkämpfen wollen, um bis zu ihrer Seele vorzudringen.

Nachdem sie Paris durchkämmt haben, begeben sich Fany und Amandine Péchiodat (Gründerinnen von My Little Paris) auf eine Reise ins Herz einer weiteren Stadt: Tokio.

Vor 5 Jahren eröffnete My Little Paris ein Büro in Japan. Jedes Mal, wenn Fany in Tokio landet, begibt sie sich auf die Suche nach neuen Adressen. 2018 verließ sie My Little Paris und gründete gemeinsam mit Thomas Jonglez „Soul Of" für eine neue Art des Reisens, die in 30 einzigartigen Erlebnissen die Seele einer Stadt erkundet.

UND SO FUNKTIONIERT
DIESER REISEFÜHRER

EINE STADT UNTER DEM RADAR

AUSSERGEWÖHNLICHE BEGEGNUNGEN
(ein Teemeister, eine Frau, die Gefühle kreiert,
ein Sternekoch und Sohn einer Geisha)

HUNDERTE GETESTETE ADRESSEN

–

VIELE ZU BEKANNTE UND DESHALB VERWORFENE ADRESSEN

ENTDECKUNG VON UNBEKANNTEM NACH GEFÜHL

TAUSENDE VERSPEISTE SUSHIS

LITERWEISE GRÜNER TEE

EINE IN TOKIO GEBORENE ILLUSTRATORIN

VIELE KILOMETER ZU FUSS DURCH DIE STRASSEN DER STADT

–

EINIGE SACKGASSEN

=

Die 30 besten Adressen von Tokio

DIE SYMBOLE VON
„SOUL OF TOKIO"

< 40 Euro

40 bis 80 Euro

> 80 Euro

Besitzer sprechen kein Englisch. Bitten Sie Ihr Hotel (oder Ihre japanischen Freunde), für Sie zu reservieren

100 % traditionelles Japan

Noch besser, wenn man verliebt ist

Um es Ihnen leichter zu machen, Ihr Ziel zu erreichen, sind alle Adressen auch auf Japanisch angegeben. Zeigen Sie sie Ihrem Taxifahrer.

30 ERLEBNISSE

新宿
Shinjuku

千代田
Chiyoda

港
Minato

品川
Shinagawa

TOKYO
東京

Kanako

DER COCKTAIL
IHRES LEBENS

Wer einen Cocktail bei Gen Yamamoto trinkt, glaubt, noch nie zuvor einen Cocktail getrunken zu haben.

In der winzigen Bar mit ihren acht Plätzen wohnt man in klösterlicher Stille einer einzigartigen Zeremonie bei: einer minutiösen Prozession sorgfältig ausgeführter Gesten – vom andächtigen Schneiden der Yuzu über das Entkleiden der Tomate bis hin zur Dosierung von Gin und Sake mit der Präzision eines verschrobenen Wissenschaftlers.

Mandarine, Milch-Wodka und japanische Bohnen, Passionsfrucht, Whisky aus Kyoto: In Form von sechs Cocktails erlebt man verblüffende Begegnungen. So denkwürdig wie unerwartet.

 GEN YAMAMOTO
1-6-4 AZABU-JUBAN, MINATO-KU, TOKIO,
ANNIVERSARY BUILDING 1F

東京都港区麻布十番1-6-4
アニバーサリービル1F

DI–SO: 15–23 Uhr
MO: geschlossen

Reservierung per E-Mail
office@genyamamoto.jp
www.genyamamoto.jp
+81 3-6434-0652

4 Cocktails: 5.500 Yen
6 Cocktails: 7.500 Yen

# #
02

EIN TEESALON
INMITTEN VON BLUMEN

Auf den ersten Blick mutet das Gebäude wie ein netter kleiner Blumenladen für die Bewohner dieses Viertels an. Hinter den Sträußen unter dem Dach eines Gewächshauses verbirgt sich jedoch ein ruhiger, gemütlicher Teesalon. Die Bedienungen tragen Floristenschürzen aus Leinen und versorgen die Gäste mit Tee von morgens frisch geschnittenen Kräutern. Der ideale Ort für eine kleine Pause zwischen zwei eiligen Einkäufen.

 AOYAMA FLOWER MARKET TEA HOUSE
5-1-2 MINAMI-AOYAMA, MINATO-KU, TOKIO

東京都港区南青山5-1-2

MO-SA: 11–20 Uhr
SO: 11–19 Uhr

Reservierung empfohlen
+81 3-3400-0887

www.afm-teahouse.com/aoyama

AOYAMA FLOWER MARKET TEA HOUSE

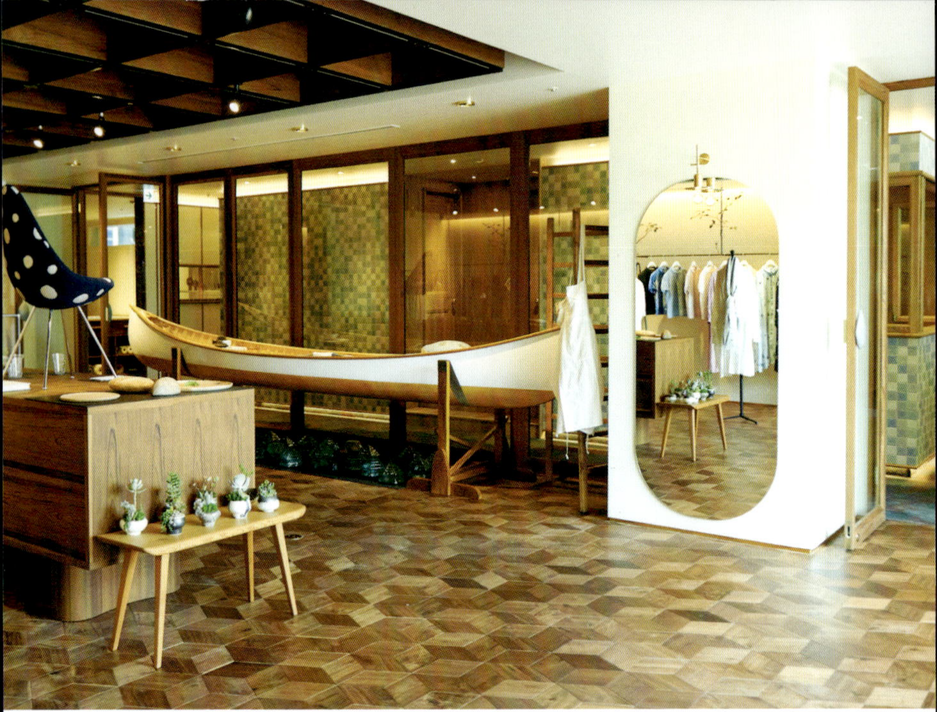

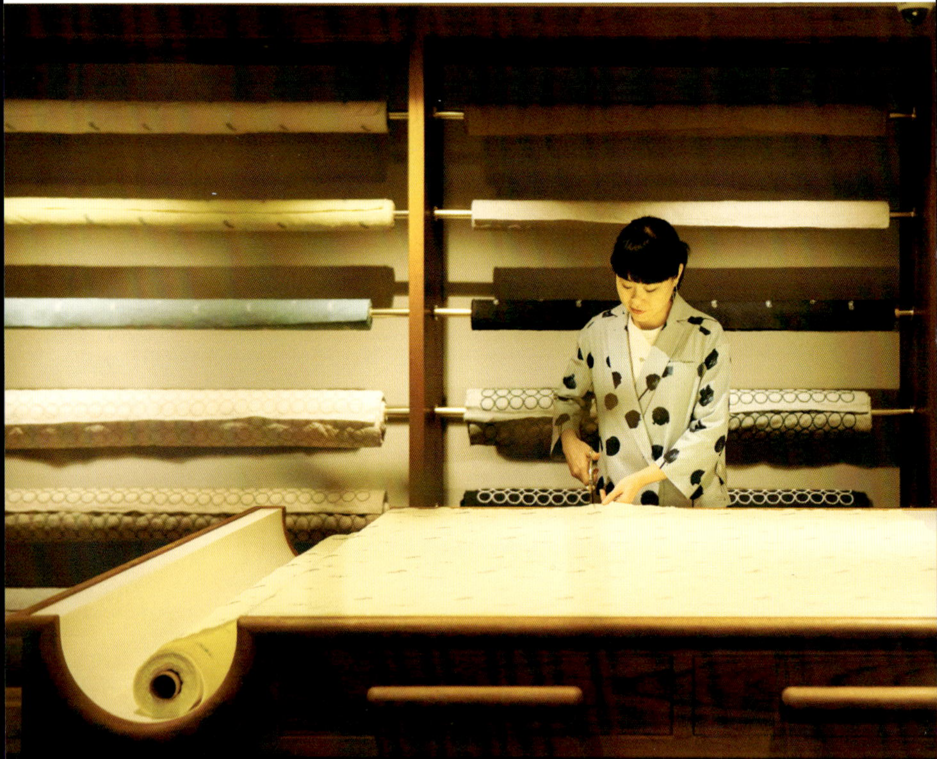

DER BESTE
CONCEPT STORE
VON TOKIO

Wenn Ihnen der Pariser Concept Store Merci gefällt, werden Sie den Concept Store des außergewöhnlichen japanischen Labels Minä Perhonen lieben.

Vor einem Jahr im Stadtteil Omotesando eröffnet, gleicht Call (Wortschöpfung aus „Creation" und „All") einem fröhlichen Haus, in dem drei Generationen unter einem Dach zusammenarbeiten: Die jüngste Verkäuferin ist 20, die älteste 83 Jahre alt. Minä schlägt in seinen Stores gerne eine Brücke zwischen den Generationen und stellt häufig Rentner ein, die sich noch nicht zur Ruhe setzen möchten. Beim Gang durch die Räume von Call entdeckt man verschiedenste Dinge wie ein Lebensmittelgeschäft, ein Restaurant mit Terrasse oder einen Stoffladen.

CALL
(Eingang über das Gebäude Spiral, dann
mit dem linken Aufzug in den 5. Stock)
5-6-23 MINAMI-AOYAMA,
MINATO-KU, TOKIO

東京都港区南青山5-6-23
SPIRAL5階

MO-SO: 11-20 Uhr   +81 3-6825-3733   www.mp-call.jp

CALL

EIN VERBORGENES
RESTAURANT IN SHIBUYA

Große Romantiker verlieben sich dreimal am Tag. Yuri Nomura bei jeder Mahlzeit. Ihre schönste Liebesgeschichte ist das Essen. Yuri Nomura hat in England studiert und in den Küchen von Paris und San Francisco (in dem berühmten Restaurant „Chez Panisse" von Alice Waters) Töpfe gespült, um schließlich zurückzukehren nach Tokio und dort ihr eigenes Restaurant Eatrip zu eröffnen, eine kleine, verborgene Oase inmitten des lebhaften Trubels von Shibuya. An großen Holztischen unter einem Glasdach, das den Blick auf den Himmel öffnet, erwarten einen hier einfache Gerichte voller Farbe und Gefühl, zubereitet mit regionalen und saisonalen Bio-Zutaten. Ihre Inspiration? Die Küche ihrer Kindheit, Gerichte, die Erinnerungen und Gefühle wecken. Ein Besuch in Tokio, ohne hier zu Abend gegessen zu haben, ist verboten.

 EATRIP
1F 6-31-10 JINGUMAE
SHIBUYA-KU, TOKIO

東京都渋谷区神宮前6-31-10

DI-FR: 18 Uhr / Mitternacht
SA: 11:30 / 15Uhr -18 Uhr / Mitternacht
SO: 11-17 Uhr
MO: Geschlossen

Reservierung erforderlich
+81 3-3409-4002
shibuya@mail.com

www.restaurant-eatrip.com

- YURI NOMURA -

KÖCHIN MIT GEFÜHL

Fasziniert von der Verbindung zwischen dem, was man fühlt, und dem, was man isst, hat Yuri in ihrem Restaurant ein wahres Gefühlslabor geschaffen. Ein Treffen mit Anziehungskraft.

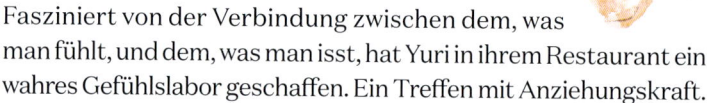

Wie waren Sie in Ihrer Kindheit?

Ich habe viel gegessen. Meine Mutter hatte eine Kochschule. Ich wuchs umgeben von Menschen auf, die „das Essen liebten". Ich interessierte mich für das Kochen, hätte mir aber nie vorstellen können, es zu meinem Beruf zu machen. Für mich war Kochen immer ein „Mädchending". Mir waren die Gespräche der Jungs aber lieber. Später ging ich zum Studieren nach England. Als ich zurückkam, hatte ich Lust, mit dem Kochen zu beginnen.

Was hat Sie beeinflusst?

Zunächst einmal das Gemeinsame am Kochen. Wenn man Hand in Hand arbeitet, bildet man eine Gemeinschaft, und das gibt uns Kraft. Für mich ist die Küche der beste Weg, um die Menschen zu treffen, die ich liebe, die die gleichen Dinge lieben wie ich. Und natürlich die Küche in meiner Familie.

Was bedeutet die Küche für Sie?

Kochen ist für mich eine Herzensangelegenheit, nichts Versnobtes.

Das Labor der Gefühle, das ich einrichten möchte, wird ein Ort kulinarischer Genüsse sein, die durch den Geschmack eines Gerichts Gefühle und Erinnerungen wachrufen.

Was ist das Gericht Ihrer Kindheit?

Ein Mimosenkuchen, den meine Mutter für unsere Gäste zubereitete. Wir hatten immer davon im Kühlschrank, wir hatten sehr viel Besuch. Und ich ging immer mal wieder daran vorbei und stibitzte mir ein Stückchen. Und noch eins ...

Welches ist das Kindheitsgericht in Japan?

Miso-Suppe.

Ich werde bald ein Labor der Gefühle eröffnen

#05

ÜBERNACHTEN IN DEN
REGALEN EINER
BIBLIOTHEK

Was gibt es Schöneres, als bei dem einzuschlafen, was man am liebsten tut? Für die Architekten Makoto Tanijiri und Ai Yoshida ist das die Lektüre eines guten Buches. Im siebten Stock eines Geschäftsgebäudes haben sie eine Bibliothek eingerichtet, die ihren Besuchern winzige Kojen für die ganze Nacht oder eine kleine Siesta bietet.

Einfach Lieblingsbuch, Manga, Reise- oder Abenteuerroman auf Englisch oder Japanisch schnappen, bequem machen und Vorhang schließen.

BILDNACHWEIS: @AG.LR.88

BOOK AND BED TOKYO
LUMIERE BUILLDING 7F
1-17-7, NISHI IKEBUKURO,
TOSHIMA-KU, TOKIO,

東京都豊島区西池袋1-17-7 ル
ミエールビル7階

| MO-SO: Check-in 16-23 Uhr Check-out 11 Uhr TAGSÜBER*: 13-17 Uhr | Ab 5.000 Yen/Nacht: 500 Yen/Stunde oder 1.500 Yen/4 Stunden | www.bookandbedtokyo.com/en/ tokyo |

* Für Tagesbesucher stehen keine Betten zur Verfügung

BOOK AND BED TOKYO

DAS LIEBLINGS-SUSHI
VON FRANÇOIS SIMON

Ohne François Simon, den großen französischen Gastrokritiker, der weltweit auf der Suche nach besonderen Restaurantperlen unterwegs ist, hätten wir wohl nie von diesem Sushi-Restaurant gehört.

Ausfindig gemacht hat er es im Stadtteil Omotesando. Makoto, der Chef, ist seit 50 Jahren im Geschäft. Bevor er dieses kleine Restaurant mit diskretem Charme und freundlichen Mitarbeitern eröffnete, hatte er bereits an allen Ecken Tokios Sushi gerollt. Wer eintritt und *Omakase* sagt (japanisch für „Ich überlasse es Ihnen"), begibt sich in die Hände des Sushi-Meisters und überlässt ihm die Auswahl. Und hat kurz darauf eine erlesene, unvergleichlich gute Auswahl an Sushi, Sashimi, gegrilltem Fisch, Sardinen, Seezunge, Oktopus, Garnelen und Thunfisch vor sich – insgesamt 12 bis 15 Stück.

 KIDOGUCHI SUSHI
B1F 5-6-3 MINAMI-AOYAMA,
MINATO-KU, TOKIO

東京都港区南青山5-6-3 メゾン
ブランシュ半地下

| MITTAGS: 12–14 Uhr | +81 3-5467-3992 | Mittagessen 3.000 Yen |
| ABENDS: 18–23 Uhr | Reservierung erforderlich | Abendessen 20.000 Yen |

- FRANÇOIS SIMON -
GASTROKRITIKER

François Simon ist der geheime Gastronomiepapst von Paris. Jeder kennt ihn, doch keiner hat ihn je gesehen. Im Verborgenen testet er sich durch die Restaurants. Als Wiederholungstäter in Sachen Japan-Reisen kennt er Tokio wie seine Westentasche.

Was fasziniert dich an Japan?

Japan hat mich die Rückkehr zur Unschuld gelehrt. Ich reise seit 25 Jahren nach Japan und irgendwann stellte ich fest, dass ich im Begriff war, eine viel zu festgefahrene Meinung über dieses Land zu haben. Ich war richtig versessen darauf, gefragt zu werden: „Was hältst du eigentlich von Japan?", weil ich auf alles eine Antwort hatte. Und plötzlich stelle ich fest, dass ich nichts mehr weiß. Ich habe alles vergessen und stehe da wie ein Kind, nur mit meinen Augen und der Erinnerung, ohne einen Verstand, der ständig alles zu strukturieren versucht.

Japan schmeckt wie ein Reiskorn

Wie schmeckt Japan?

Der Reiz eines Reiskorns besteht darin, es zu schaffen, im Moment des Hineinbeißens den weichen Kern von der Schale zu lösen.

Je besser es läuft, desto weniger weiß ich, und das fühlt sich gut an

Deine letzte Reise nach Japan führte dich nach ...

... Sapporo. Ich sollte eigentlich ein schickes Restaurant testen, sagte meinem Begleiter jedoch, dass ich das wahre Sapporo kennenlernen wollte. Also gingen wir in ein alternatives Studentenrestaurant, in dem uns ein fröhliches, etwas staubiges Durcheinander erwartete, tranken Sake und diskutierten in allen möglichen Sprachen. Das meine ich damit, wenn ich sage, dass ich „bis ins Innerste des Reiskorns vordringen" will.

Man fühlt sich ganz klein, also hält man den Mund und genießt Japan im Stillen

Welche Art des Reisens empfiehlst du?

Ein Reisen, das zwei Berge überwindet: den der Vorur-

Überwinden, was man ist, und Japan auf sich wirken lassen

teile und den des Komforts. Denn hinter diesen beiden Bergen wird man durch wunderbare Entdeckungen belohnt. Zum Beispiel bei einem Onigiri im 7-Eleven um zwei Uhr morgens, auf einer Fahrt mit kleinen, langsamen Regionalzügen anstelle des Shinkansen, beim Verspeisen eines zuvor am Bahnhof gekauften Bento während der Fahrt, bei einer Übernachtung in der Jugendherberge, beim Durchstreifen unbekannter Stadtteile oder bei einem Besuch in einem kaum besuchten Museum. Wenn man sich zwingt, unbequeme Dinge zu tun, aus denen man so viel lernen kann.

DAS BESTE ONSEN
VON TOKIO

Dieses Onsen ist einfach riesig. Erbaut im typischen Stil des alten Tokio, strahlt es den traditionellen Geist der sogenannten Edo-Zeit aus. Für die Zeit des Aufenthalts erhält der Besucher am Eingang einen Yukata, einen einfachen Sommer-Kimono aus leichter Baumwolle. Zur Einstimmung empfehlen sich ein Spaziergang durch den japanischen Garten mit seinen Ahornbäumen und ein Fußbad. Nach dem Entkleiden erwartet Sie dann ein heißes Bad, zunächst innen, dann im Freien. Abschließend noch eine Siesta in einem der Massagesessel des Onsen und Sie verlassen diesen Ort absolut tiefenentspannt.

FAHRT ÜBER DIE BUCHT VON TOKIO
MIT DER YURIKAMOME-BAHN

Die vermutlich schönste Art, dieses recht weit außerhalb des Tokioter Stadtzentrums gelegene Onsen zu erreichen, ist eine Fahrt mit der Yurikamome-Bahn. Namensgeberin der 14,7 km langen Linie ist die in der Bucht von Tokio stark vertretene Lachmöwe. Die Fahrt führt an der Rainbow Bridge über das Meer und bietet wunderbare Ausblicke. Um zum Onsen zu gelangen, steigen Sie an der Haltestelle „Telecom Center" aus.

OEDO ONSEN MONOGATARI
2-6-3 AOMI, KOTO-KU,
TOKIO

東京都江東区青海2-6-3

MO–SO: 11–9 Uhr Die ganze Nacht geöffnet	+81 3-5500-1126	daiba.ooedoonsen.jp/en/

浴衣

帯

ONSEN
WISSENSWERTES

Das heiße Bad ist die liebste Freizeitbeschäftigung der Japaner.
Zur Reinigung des Geistes begibt sich die ganze Familie vor oder nach
dem Abendessen in ein Onsen (heiße Quelle in freier Natur) oder ein Sentō
(öffentliches Badehaus). Es gibt Bäder für Frauen und Bäder für Männer.
Wichtigste Utensilien sind der Waschzuber und das Tenugui,
ein kleines Handtuch, das zum Schutz der Haare oder zur Abkühlung
als Kopfbedeckung getragen wird.

Entkleiden Sie sich:

Das Tragen von Badekleidung ist verboten.

Tätowierungen ebenfalls.

Einziges Kleidungsstück:

Ein kleines Handtuch (Tenugui) auf dem Kopf.

Begeben Sie sich zu den Duschen

Nehmen Sie einen Waschzuber

Setzen Sie sich auf einen kleinen Hocker

und waschen Sie sich gründlich.

Tauchen Sie in das Bad ein

Achtung: Das Wasser ist sehr heiß, etwa 42 Grad, manchmal mehr.

DER STERNEKOCH,
DER NICHTS MACHT WIE JEDER ANDERE

Den ist der einzige Koch mit Michelin-Stern, der Humor hat. Wenn Sie den französischen Sternekoch Alain Passard nach seinem Tokioter Lieblingsrestaurant fragen, steckt er Ihnen diese Adresse zu. Sein Restaurant zählt zu den 50 besten weltweit. In jedem Gericht ist eine Überraschung versteckt, die den Gast fröhlich stimmt. Eine als lachendes Emoji geschnittene Karotte, eine bewusst im Salat versteckte Ameise … Den hat Humor, und er gibt sich sehr viel Mühe damit. Seine Leidenschaft: das Image der traditionellen japanischen Küche für ein jüngeres Publikum zu entstauben. Es funktioniert.

BILDNACHWEIS: PAOLO STA. BARBARA

JIMBOCHO DEN
ARCHITECT HOUSE HALL JIA
2-3-18 JINGUMAE, SHIBUYA-KU, TOKIO

東京都渋谷区神宮前2-3-18 建
築家会館JIA館

MITTAGS: wechselnde Öffnungszeiten
ABENDS: 18-23 Uhr
SO: geschlossen

+81 3-6455-5433
Reservierung erforderlich

www.jimbochoden.com

- DEN -
STERNEKOCH

Woher kam die Idee, auf diese überraschende Art zu kochen?

Von meiner Mutter. Sie war eine Geisha. Von ihr habe ich das Kochen gelernt, aber vor allem die Kunst, die Kunden zu unterhalten. Ich habe keine Kochschule besucht. Mein erstes Praktikum habe ich in ihrem Ryōtei (von Geishas geführtes Restaurant) absolviert. Die Kunden, die mit ihr unter einer Decke steckten, ließen meine Gerichte immer wieder in die Küche zurückgehen, um mich Demut zu lehren. Ich verstand, dass ich beim Kochen nicht an mich, sondern an den Gast denken musste. Denn wenn ich an ihn denke, denkt er an mich.

Welche Art von Gerichten kochen Sie?

Die einzige Art zu kochen, die ich beherrsche, ist die traditionelle japanische Küche. Leider ist diese bei den jungen Leuten heutzutage aber immer weniger beliebt. Es gibt zu viele Regeln. Das fand ich schade, also beschloss ich, sie mit Spaß und ohne Tabu dem Geschmack der Zeit anzupassen.

Meine Mutter war eine Geisha

Für mich ist das Kochen eine Sprache. Ich möchte, dass sich meine Gäste bei mir wie zu Hause fühlen. Übrigens gebe ich meinen Gerichten oft durch eine Zeichnung, ein Bild, einen Vornamen, irgendetwas, das ich von meinem Kunden weiß, eine persönliche Note.

Wie entstehen Ihre Kreationen?

Wir diskutieren viel im Team und stellen die Speisen gemeinsam nach unserer aktuellen Stimmung zusammen.

Zum Beispiel ist es in Japan unüblich, nach dem Essen einen Kaffee zu trinken. Also serviere ich stattdessen ein Dessert mit Cappuccino-Trüffel-Geschmack in einer Starbucks-Tasse. Als ich letztes Jahr einen Michelin-Stern verlor, schrieb ich „Starbacks" darauf, in der Hoffnung, dass ich den Stern zurückbekomme! Jedes Gericht hat seine Geschichte.

Die Ameise habe ich absichtlich in den Salat getan. Als Verweis auf die Ernährung unserer japanischen Vorfahren.

Welches ist der beste Rat, den Sie in Ihrem Leben erhalten haben?

„Die einzige Konstante im Leben ist die Veränderung." Das ist ein Rat meiner Mutter, den ich immer vor Augen habe, wenn ich koche. Sie ist heute 59 Jahre alt. Und immer noch Geisha!

BILDNACHWEIS: CITY FOODSTERS

PAPIER
IN 1233 NUANCEN

Dieser Papiertempel wurde 1904 gegründet und erstreckt sich über 10 Stockwerke: 1000 Farbnuancen in Form von Umschlägen, Notizheften, Origamipapier, Geschenkpapier (das berühmte japanische Washi), Postkarten und Glückwunschkarten. Die Farben haben keine Nummern. Jede hat ihren eigenen, einzigartigen Namen: Schafleder, kleine Meerjungfrau ...

Künstler, Schriftsteller und Designer kommen hierher, um sich mit hochwertigen Papeterieartikeln zu versorgen. Wir haben das Geschäft mit 17 Stiften, 3 kg Papier und 5 Skizzenbüchern verlassen.

Unsere zwei Lieblingsetagen:
Der **2. Stock** („Letters") widmet sich der Briefpost. Auch Briefmarken und sogar einen Briefkasten findet man hier.
Im 10. Stock („Farm") wird frischer Salat geerntet, der anschließend im direkt darüber gelegenen Restaurant serviert wird.

📍 **ITOYA**
2-7-15 GINZA, CHUO-KU, TOKIO　　　　　　東京都中央区銀座2-7-15

MO-SO: 10–20 Uhr　　｜　　+81 3-3561-8311　　｜　　www.ito-ya.co.jp

ITOYA

MITTAGESSEN IN
EINEM JAPANISCHEN
GARTEN

Wenn Sie süchtig nach Tofu sind, sollten Sie Ihren Hunger unbedingt bei Tofuya Ukai, einem traditionellen Haus mit japanischem Garten im Stil der Edo-Zeit, stillen. Die Bedienungen tragen zur Arbeit den Hakama, einen traditionellen Hosenrock mit bequemem Schnitt.

Der Tofu ist hausgemacht und präsentiert sich in jeder nur denkbaren Form: als Age-Dengaku (auf Kohle gebacken und mit süß-salziger Miso-Paste verfeinert), Tosui-Tofu (vermischt mit Sojamilch und serviert in einer Keramikschale) oder Yuba (Tofu-stangen, eine Spezialität aus Kyōto).

Die Gäste lassen sich auf Tatami-Matten mit Blick in den herrlichen japanischen Garten nieder. Dann schließt sich die Schiebetür. Die lange Speisen-Zeremonie kann beginnen.

 TOFUYA UKAI
4-4-13 SHIBA-KOEN, MINATO-KU,
TOKIO

東京都港区芝公園4-4-13

MO–SO: 11–22 Uhr   +81 3-3436-1028   www.ukai.co.jp/english/shiba
Geschlossen 1x/Monat   Reservierung erforderlich

EXKURS IN DIE JAPANISCHE GESCHICHTE: DIE EDO-ZEIT

Die Edo-Zeit ist für die kulturelle Entwicklung Japans von besonderer Bedeutung. Zwischen 1603 und 1868 gab es nur wenig ausländischen Einfluss, sodass das Land begann, eine eigenständige lokale Kultur zu entwickeln. Das Kunsthandwerk der Edo-Zeit markiert maßgeblich die Geburt des traditionellen Japans, wie wir es heute kennen.

TOFUYA UKAI

DIE GRÖSSTE
BUCHHANDLUNG DER WELT

Drei riesige Gebäude, quer darüber die 55 Meter lange „Magazine Street". Die Buchhandlung Tsutaya Daikanyama zählt zu den 20 schönsten Buchhandlungen der Welt und ist ein absoluter Tempel für Zeitschriftenliebhaber, ein modernes Labyrinth auf sechs Etagen, in dem man japanische und internationale Lektüre zu allen nur erdenklichen Themen – Literatur, Kochen, Reisen, Autos, Kunst, Architektur, Musik ... – findet. Und das bis zwei Uhr morgens. Schwindelerregend.

Tipp: Schauen Sie unbedingt im ersten Stock des zentralen Gebäudes vorbei. Hier finden Sie die Bücher-Lounge Anjin, wo Sie auf großen Sesseln gemütlich etwas trinken und dabei eine der 30.000 Vintage-Zeitschriften aus der ganzen Welt durchblättern können.

📍 **TSUTAYA**
16-15 SARUGAKUCHO,
SHIBUYA-KU, TOKIO   東京都渋谷区猿楽町16-15

| MO–SO: 7–2 Uhr | +81 3-3770-2525 | real.tsite.jp/daikanyama/english/ |

DIE KLEINSTE
BUCHHANDLUNG DER WELT

Ein Raum, ein Buch: so lautet der Grundsatz dieser Mikro-Buch-handlung, die sich ganz dem japanischen Minimalismus ver-schrieben hat. Jede Woche wird ein neues Buch präsentiert und damit ein neues Universum, denn der Raum wird stets dem jeweiligen Buch angepasst. Man kann das Buch kaufen, seinen Verfasser kennenlernen oder sich einfach nur die dazugehöri-gen Objekte ansehen.

MORIOKA SHOTEN & CO
SUZUKI BUILDING 1F
1-28-15 GINZA, CHUO-KU, TOKIO

東京都中央区銀座
1−28−15 鈴木ビル 1F

DI-SO: 13-20 Uhr
MO: geschlossen

+81 3-3535-5020

GANZ EINFACH
MAGISCH

In einer kleinen Straße in Ginza führt eine Tür in einen kleinen, vollständig schwarzen Raum mit einem großen Tisch und 8 Stühlen. Man geht hinein, man setzt sich. Zunächst bemerkt man mysteriöse Klänge, dann erscheint an den Wänden ein Bambuswald, Blumen beginnen zu sprießen, Schmetterlinge fliegen umher. Ein Blütenregen fällt auf den Tisch, der zu einem Fluss wird, während Ihr Teller sich als Schmetterling in die Luft erhebt. Sie befinden sich im digitalen Restaurant MoonFlower Sagaya Ginza, Art by teamLab. Es gibt nur wenige solcher Orte auf der Welt und dieser hier ist der zugänglichste. Es ist teuer. Aber so unbeschreiblich schön, magisch und köstlich, dass es sich für einen Besuch lohnt, einmal um die ganze Welt zu reisen.

**MOONFLOWER SAGAYA GINZA,
ART BY TEAMLAB**
PUZZLE GINZA 6F
2-5-19 GINZA, CHUO-KU, TOKIO

東京都中央区銀座 2-5-19
PUZZLE 銀座 6F

TÄGLICH: 19 Uhr

+81 3-6263-2525
Reservierung erforderlich

www.moonflower-sagaya.com

MOONFLOWER SAGAYA GINZA,
ART BY TEAMLAB

EINE AUSSERGEWÖHNLICHE
GEBURTSTAGSPARTY

In einer belebten Straße von Shibuya befinden sich zwei Restaurants direkt gegenüber voneinander: Das eine wird von Männern geführt, das andere von Frauen. Bei den Männern wird ganz in Ruhe Fisch gegessen; bei den Frauen werden singend Spießchen serviert. Zwei Küchen, zwei Ambientes, die mit einem Augenzwinkern einen Wettstreit daraus machen, die meisten Gäste auf der Straße abzufangen. Wir haben uns für unser Lager entschieden, das Frauenlager, das den großen Vorteil hat, dass man hier Geburtstag feiern kann wie nie zuvor.

Tipp: Rufen Sie an und sagen Sie, dass jemand an Ihrem Tisch Geburtstag hat. Wir verraten nicht, was dann geschieht …

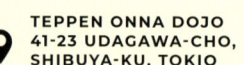

TEPPEN ONNA DOJO
41-23 UDAGAWA-CHO,
SHIBUYA-KU, TOKIO

東京都渋谷区宇田川町
41-23　第二大久保ビル1F

MO–SO: 17–24 Uhr

+81 3-5428-3698
Reservierung empfohlen

Ab 2.000 Yen

DER TOKIOTER
STREET-FOOD-MARKT

Eine Hausbrauerei, ein Burger-Truck im Brooklyn-Style, ein veganer Street-Food-Stand, eine Fischräucherhütte, ein Tapas-Wohnwagen ... Herzlich Willkommen im Königreich der Hipster! Commune 2nd im Herzen von Omotesando ist ein eklektisch-bunter Street-Food-Markt, der an Buden, Ständen und Wohnwagen eine schier endlose Auswahl an Speisen und Getränken bietet, die anschließend an einem großen Holztisch verzehrt werden können. Ab und zu finden Open-Air-Konzerte statt. Ein unvergesslicher Einblick in die japanische Hipster-Kultur.

COMMUNE 2ND
3-13 MINAMI-AOYAMA,
MINATO-KU, TOKIO

東京都港区南青山3-13

MO–SO: 11-22 Uhr

www.commune2nd.com

SOFT DRINK
PURE APPLE SODA 400
NATURAL APPLE JUICE
ORGANIC ORANGE 500

ORGANIC SOYMILK CHAI LATTE H or C / H or C / ICE
HOT GINGER APPLE
GINGER APPLE SODA 600
VERY BERRY SODA

~ALCOHOL~
ORGANIC WINE RED/WHITE 650
ORGANIC RUM CHAI 800
DRAFT BEER-

IPA
STOUT
WHITE ALE   ALL 900
BOTTLE BEER-

PILSNER
STOUT
HELLES
ORGANIC PILSNER .... ALL 800

DON'T WORRY BEER HAPPY

STREET MARKET COMMUNE 2ND

EINIGE JAPANISMEN

Es gibt japanische Wörter, die nicht übersetzt werden können,
da sie einen Zustand, eine Stimmung, ein Gefühl beschreiben,
das nur in der japanischen Kultur gegenwärtig ist.
Wir haben für Sie unsere 6 Lieblings-„Japanismen" ausgewählt.

Komorebi

木漏れ日

———

*SONNENSTRAHLEN

Sonnenlicht, das durch die Blätter der Bäume gefiltert wird.

Shinrinyoku

森林浴

---

*WALDBADEN

Ein Waldbad nehmen.

Tief in den Wald hineingehen, dorthin, wo alles Stille, Frieden und Entspannung ist.

Yuugen

幽玄

---

*DIE SCHÖNHEIT EINES ORTES

Wahrnehmung des Universums, die Gefühle auslöst, die zu geheimnisvoll und tief sind,
um durch Worte ausgedrückt zu werden.

Shoganai

しょうがない

---

*DIE WECHSELFÄLLE DES LEBENS

„Da kann man nichts machen." Akzeptieren, dass etwas ohnehin außer Kontrolle
und nicht zu ändern ist und man am besten einfach weitermacht.

Hijiame

肘雨

---

*ELLENBOGEN-REGEN

Im Japanischen gibt es 50 verschiedene Begriffe für Regen. Unser Lieblingswort
ist der Ellenbogen-Regen: Er setzt so unvermittelt ein, dass keine Zeit bleibt,
den Regenschirm herauszuholen, und man schnell die Arme über den Kopf hält.

Wabisabi

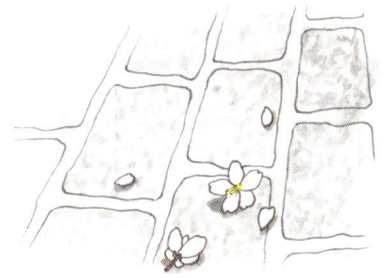

わびさび

---

*SCHÖNHEIT DER VERGEHENDEN ZEIT

Etwas ist nicht perfekt, vergänglich, abgenutzt? Genau das macht es zu etwas Schönem.
Dieses ästhetische Verständnis von Zeit, die vergeht, bezeichnet Wabi-Sabi.

SOSAIBOU
4-1-9 MEGURO-HONCHO,
MEGURO-KU, TOKIO

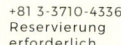

東京都目黒区目黒本町4-1-9

MO–FR: 18–24 Uhr
Am Wochenende sowie an
Feiertagen geschlossen

+81 3-3710-4336
Reservierung
erforderlich

Menü ab 7.000 Yen

ZU GAST BEI
EINEM ALTEN PAAR

Wo genau sind wir eigentlich? In ihrem Wohnzimmer? In ihrer Küche? In ihrem Restaurant?

Katsuro und Mieko sind die Inhaber von Sosaibou. Er ist der Poet und serviert Speisen, die an Milchstraßen erinnern. Sie ist fürs Feiern zuständig und serviert den Sake. Sie sind um die 80 und können ohne einander nicht leben: zwei kleine ältere Herrschaften, die seit 33 Jahren eine von den Mönchen inspirierte Zen-Küche anbieten. In ihren Gerichten sind alle Farben, Formen und Geschmäcker vereint. Für ihn ist es wie im Leben, mal bitter, mal süß. Man nimmt es einfach hin. Ein Ort, an dem Freude, Vernunft und ... Trunkenheit aufeinandertreffen.

DIE ZEN-KÜCHE

Auf Japanisch heißt sie Shojin Ryori: die Küche der Mönche, eine 800 Jahre alte Philosophie, die von den Jahreszeiten inspiriert ist und den Verzehr von Fleisch und Fisch, aber auch von Zwiebeln, Lauch, Knoblauch und anderen Wurzeln ablehnt, da die Pflanze durch ihre Entwurzelung dem Tode geweiht ist.

TOKIO,
5 UHR MORGENS

MIT DEM FAHRRAD
DURCH TOKIO

Yanaka ist der älteste Stadtteil von Tokio und einer der wenigen, die sich ihre Tempel, Holzhäuser und ruhigen Straßen bewahrt haben, auf denen nur das sanfte Geklapper von Fahrrädern zu hören ist. Apropos Fahrräder: Machen Sie es wie die Bewohner von Yanaka und drehen Sie eine Runde mit dem Rad. Bei tokyobike finden Sie Mieträder. Doch der Laden ist auch Coffee- und Lifestyle-Shop für Fahrradliebhaber (von denen es in Japan viele gibt), die ihr Rad in die U-Bahn, ins Büro und sogar ins Schlafzimmer mitnehmen. Die Instagram-Seite @tokyobike_jp ist ganz dem geliebten Drahtesel gewidmet.

TOKYOBIKE
4-2-39 YANAKA, TAITO-KU, TOKIO

東京都台東区谷中4-2-39

MO–SO: 10–19:30 Uhr | +81 3-5809-0980 | www.tokyobikerentals.com

TOKYOBIKE

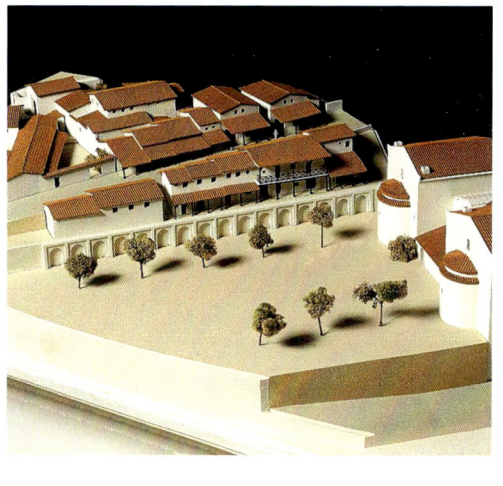

MIT DEM FAHRRAD IN YANAKA –
5 ERLEBNISSE

- Meditieren im Zen-Garten des Nezu-Schreins, einem traditionellen Shintō-Heiligtum

- Besuch bei SCAI The Bathhouse, einer zeitgenössischen Kunstgalerie in einem ehemaligen Onsen

- Umgedrehte Regenschirme und andere Designobjekte im Kunsthandwerkladen KONCENT Kuramae entdecken

- Tee verkosten und kaufen im Nakamura Tea Life Store, einem traditionellen Teehaus

- In der Papeterie Kakimori seinen individuellen Terminkalender oder seine eigene Tintenfarbe kreieren

AUF EINEN YUZU-SAFT
IM NEZU-MUSEUM

Manchmal braucht es nicht viel, damit ein einfacher Tag ein guter Tag wird. Zum Beispiel einen Besuch im Nezu-Museum für traditionelle Kunst in Minato: vorbei am Bambus-Paravent, den Kiesweg entlang, Eintrittskarte kaufen, durch die Ausstellungsräume hindurch ins Nezu Café huschen, an dem Tisch oberhalb des üppigen japanischen Gartens Platz nehmen, einen Yuzu-Saft bestellen, Nase an der Scheibe plattdrücken und … genießen.

NEZU MUSEUM
6-5-1 MINAMI-AOYAMA,
MINATO-KU, TOKIO

東京都港区南青山6-5-1

DI–SO: 10–17 Uhr	+81 3-3400-2536	Der Besuch des Teesalons ist nur mit einer Eintrittskarte für das Museum möglich

GARTEN DES NEZU-MUSEUMS

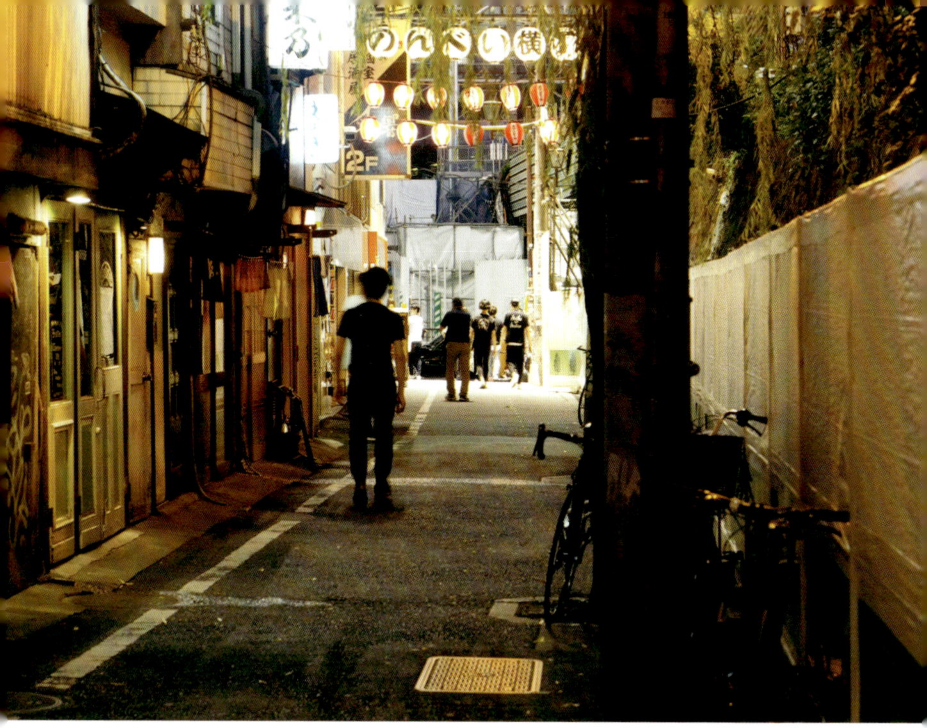
のんべい横
2F

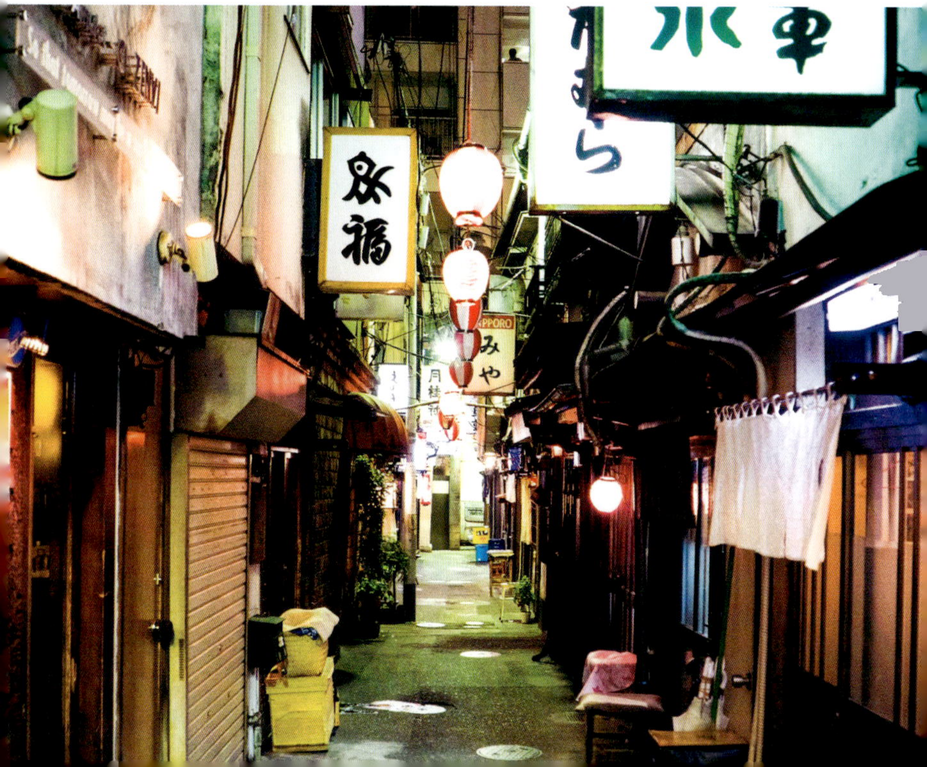
みや

KLEINE STRASSE
GROSSER SPASS

Nein, nicht die hier. Die andere. Alle Welt redet von dem berühmten Golden Gai, dem belebten Tokioter Ausgehviertel, in dem sich eine Bar an die andere reiht. Wir entführen Sie heute jedoch in die ungleich ruhigere „Gasse der Trunkenen" mit ihren winzigen Sake-Bars, gleich hinter den Bahngleisen von Shibuya, einfach zu erkennen an den Leuchtgirlanden über dem Eingang. Unser Geheimtipp: die mit Graffitis übersäte Bar ganz am Ende der Straße. Der Eingang führt über eine kleine Treppe. Sie bietet Platz für 4 Gäste und die Möglichkeit, sich beim Karaoke zu versuchen. Bitten Sie den Besitzer um Unterstützung. Er singt gerne. Sie werden die Bar garantiert fröhlich und schwankend verlassen.

SHIBUYA NONBEI YOKOCHO
1-25 SHIBUYA, SHIBUYA-KU,
TOKIO

東京都渋谷区渋谷一丁目25

Ideal nach dem Abendessen

LÄNDLICHE KÜCHE IN
KULTIVIERTEM AMBIENTE

Der japanische Begriff Robata bedeutet so viel wie „wo man sich trifft" und trifft damit exakt das Gefühl, das einen beim Betreten des gemütlichen Restaurants Robata Honten überkommt. Eine 100 Jahre alte Fassade, Wände voller Bücher, Wandbehänge, Geschirr und Möbel, die älter sind als der Inhaber mit seinen 74 Jahren. Dieser heißt Inoue Takao, liebt japanische Literatur und Film und ist als Koch mit diesem traditionellen ländlichen Restaurant, in dem die Speisen auf riesigen Platten für mehrere Personen serviert werden, in die Fußstapfen seines Vaters und Großvaters getreten. Juliette Binoche und Catherine Deneuve sind hier praktisch zu Hause.

 ROBATA HONTEN
1-3-8 YURAKUCHO,
CHIYODA-KU, TOKIO

東京都 千代田区有楽町1-3-8

MO–SA: 17–23 Uhr
SO: geschlossen

+81 3-3591-1905
Reservierung empfohlen

Ab 5.000 Yen/Person

ROBATA HONTEN

BIO,
ABER NICHT NUR

Der Concept Store Biotop widmet sich ganz der Umwelt und zeigt dies auch in seinem üppig mit Pflanzen und Blumen begrünten Interieur. Ein Prozent aller Einnahmen geht in die Wiederaufforstung japanischer Wälder. Das von der japanischen Marke Adam et Ropé gegründete Geschäft beeindruckt mit seiner ungewöhnlichen und inspirierenden Architektur.

Es ist Treffpunkt für Designer und Kreative und der Ort, an dem alle einflussreichen (und umweltbewussten) Marken eingeführt werden.

Besuchen Sie unbedingt das Irving Place, eine vollständig mit Holz gestaltete Bar mit Restaurant im dritten Stock, und das Treehouse, ein kleines Baumhaus im Innenhof, das man erklimmen kann.

Bio: check. Top: check.

BIOTOP
4-6-44 SHIROKANEDAI,
MINATO-KU, TOKIO

東京都港区白金台4-6-44

MO-SO: 11-20 Uhr | +81 3-3444-2421 | www.biotop.jp

22

EINE NACHT
IM ALTEN TOKIO

Erwachen auf einer Tatami-Matte. Die Nachbarn begrüßen und anschließend mit dem Fahrrad die Gassen des Viertels erkunden: Tauchen Sie ein in das lokale Leben von Hanare, einer Mischung aus Gästehaus, Hotel und traditioneller Herberge im ruhigen Stadtteil Yanaka.

Bei Hanare ist gewissermaßen die ganze Stadt das Hotel. Ihre Wege sind die der Menschen, die hier leben. Nach der Nachtruhe in einem Zimmer am Beginn einer Straße gehen Sie zum Frühstück an das andere Ende der Straße. In der Straße um die Ecke besuchen Sie das Sentō (öffentliches Badehaus). Am Abend ziehen Sie ihre Geta (traditionelle japanische Holzsandalen) an und betreten Ihr leeres Schlafzimmer, wo Sie selbst auf der Tatami-Matte Ihre Decke und Ihren Futon ausbreiten. Licht aus und gute Nacht!

HANARE
HAGISO, 3-10-25 YANAKA,
TAITO-KU, TOKIO

東京都台東区谷中3-10-25
HAGISO

CHECK-IN: 15–21 Uhr
CHECK-OUT: 11 Uhr

+81 3-5834-7301
hanare.hagiso.jp/en

Zimmer ca. 20.000 Yen

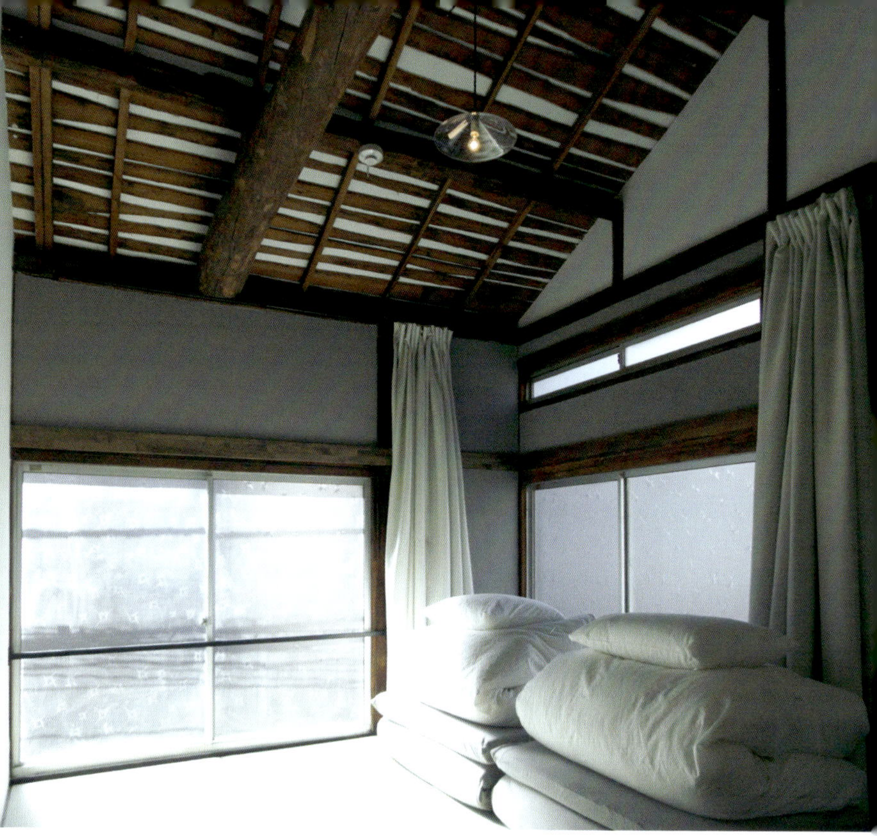

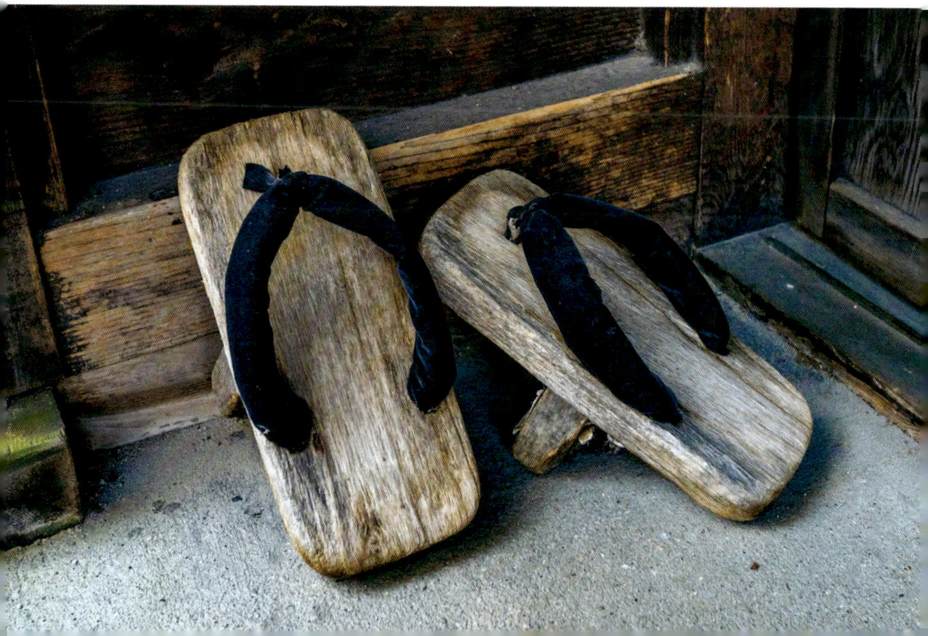

UOGASHI NIHON-ICHI
 25-6 UDAGAWACHO,
SHIBUYA-KU, TOKIO

東京都渋谷区宇田川町25-6

MO–FR: 10–22:30 Uhr
(letzter Einlass)

+81 3-5728-5451

www.uogashi-nihonichi.com

STANDING
SUSHI

Die Warteschlange reicht bis auf die Straße hinaus, aber Ihre Geduld wird belohnt: Diese typische Standing-Sushi-Bar im Stadtteil Shibuya lockt Hunderte von Menschen an, die anstehen, um ihren Hunger mit dem kurzen Vergnügen eines „High Level"-Sushi zu stillen, das im Stehen direkt am Stand verspeist wird: Thunfisch, Jakobsmuschel, Seeigel. Bis Mitternacht sind hier 3 Köche nonstop in Aktion. 10 kleine Sushis später geht es weiter …

ERHOLUNG PUR
BEI EINEM HEAD SPA
3 SCHÖNHEITSSALONS

Die Kopfmassage ist in Japan ein Ritual, das viele Japaner regelmäßig zur Erholung nach einem anstrengenden Tag nutzen. Wo? In sogenannten Head Spas, kleinen Wellness-Tempeln, die sich ganz der Haar- und Kopfpflege widmen. Wir verraten Ihnen unsere 3 Lieblingsadressen für eine Kopfmassage wie im siebten Himmel.

> DER SCHÖNSTE:

Lächerlich – Ridicule. Ja, so heißt dieser in einer kleinen Wohnung eingerichtete Salon im Bohémien-Style tatsächlich. Spezialität des Hauses ist der „Head Spa", eine göttliche Kopfmassage.

RIDICULE
3-31-13 JINGUMAE,
SHIBUYA-KU, TOKIO

東京都渋谷区神宮前3-31-13

MO–SA: 11–21 Uhr
SO: 11–19 Uhr
FEIERTAGE: 11–19 Uhr

+81 3-3478-7332
Reservierung erforderlich

www.ridicule.jp

> DER ERHABENSTE:

Zugegeben, er liegt nicht gleich um die Ecke, doch der Umweg lohnt sich: Im Cocona Hair Spa werden Ihnen die Haare in der Hängematte gewaschen, massiert und frisiert.

COCONA
2F-3F 3-16-1 KOENJI-KITA,
SUGINAMI-KU, TOKIO

東京都杉並区高円寺北3-16-1
田中ビル2.3階

MO–SO: 9:30–21 Uhr
DI: geschlossen

+81 3-5356-6543
Reservierung erforderlich

www.salon-cocona.com

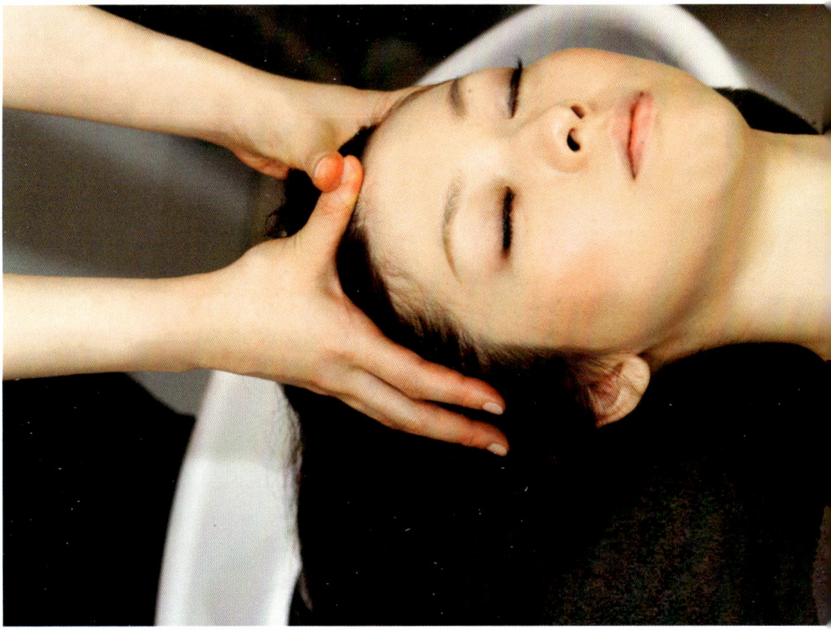

> DER EXAKTESTE:

Bei Uka werden Ihre Haare und Ihr Kopf zunächst genau analysiert. Anschließend führt man Sie in einen kleinen Behandlungsraum, wo Sie passend zur Tageszeit die Wahl zwischen einem beruhigenden Shampoo (Nighty night) mit Kamille, Lavendel oder Rosmarin und einem belebenden Shampoo (Wake up) auf Pfefferminzbasis haben. Bei der Haarwäsche werden die Energiepunkte des Kopfes und des oberen Nackens mit wechselndem Druck massiert. Zum Schluss werden Ihre Haare in ein Wärmehandtuch eingewickelt und frisiert. 45 Minuten später verlassen Sie den Salon auf einer kleinen Wolke.

UKA TOKYO MIDTOWN
TOKIO GALLERIA 2F
9-7-4 AKASAKA, MINATO-KU, TOKIO

東京都港区赤坂9-7-4 東京ミッドタウン ガレリア2F

MO-SA: 10-23 Uhr
SO: 10-22 Uhr

+81 3-5413-7236
Reservierung erforderlich

www.uka.co.jp/salons/midtown

COCONA HAIR SPA

BEWERBUNG
FÜR EIN RESTAURANT

In diesem Restaurant reserviert man nicht einfach einen Tisch. Wer im Bohemian speisen möchte, muss sich darum bewerben oder jemanden kennen, der jemanden kennt, der ...

Die Gründe dafür liegen auf der Hand: Es gibt nur zwei Tische und Kazu, der Küchenchef, ist eine Lichtgestalt seines Métiers. Seine Leidenschaft gilt dem Kochen – an den verrücktesten Orten der Welt.

Ob Fisch, Paprika, Mais, Muscheln, Pilze oder Spieße: Kazu bereitet alle Speisen nach Tradition der Fischer von Hokkaido, die auf ihren Booten kochten, über dem Feuer zu. Die Gäste versammeln sich um den Irori, einen traditionellen Tisch mit Feuerloch in der Mitte. Ohne Schuhe sorgen kleine Kugeln für eine angenehme Fußmassage. Die Zeremonie kann beginnen.

Wir wollen mal nicht so sein. An diese E-Mail-Adresse können Sie Ihre Bewerbung senden: kazu@playearth.jp

**BOHEMIAN
SECRET**

Bewerbungsschreiben per Mail an: kazu@playearth.jp

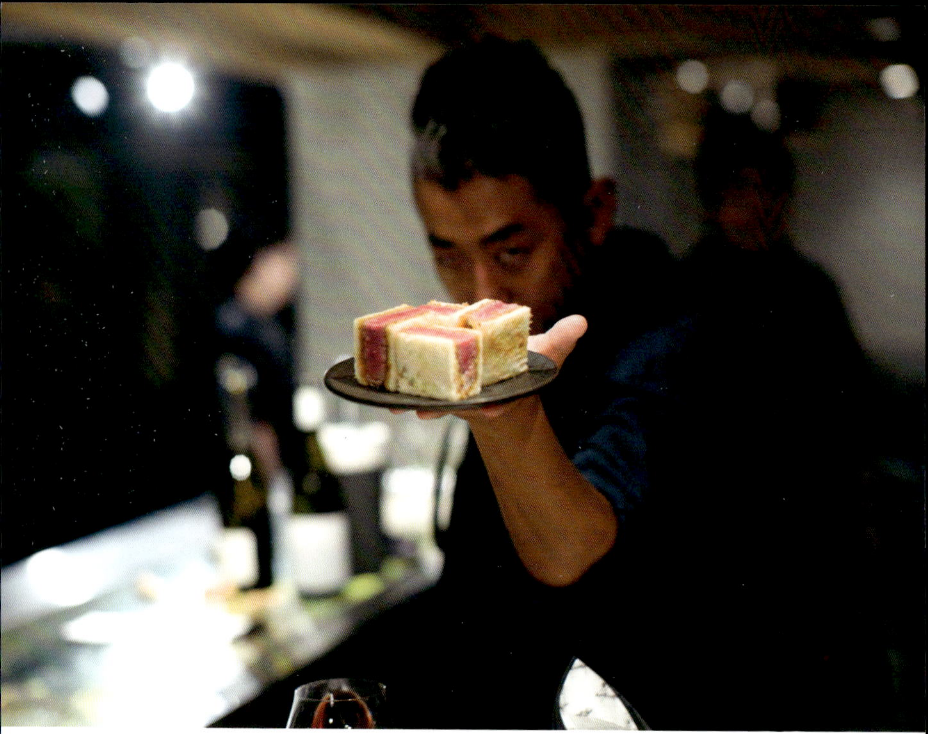

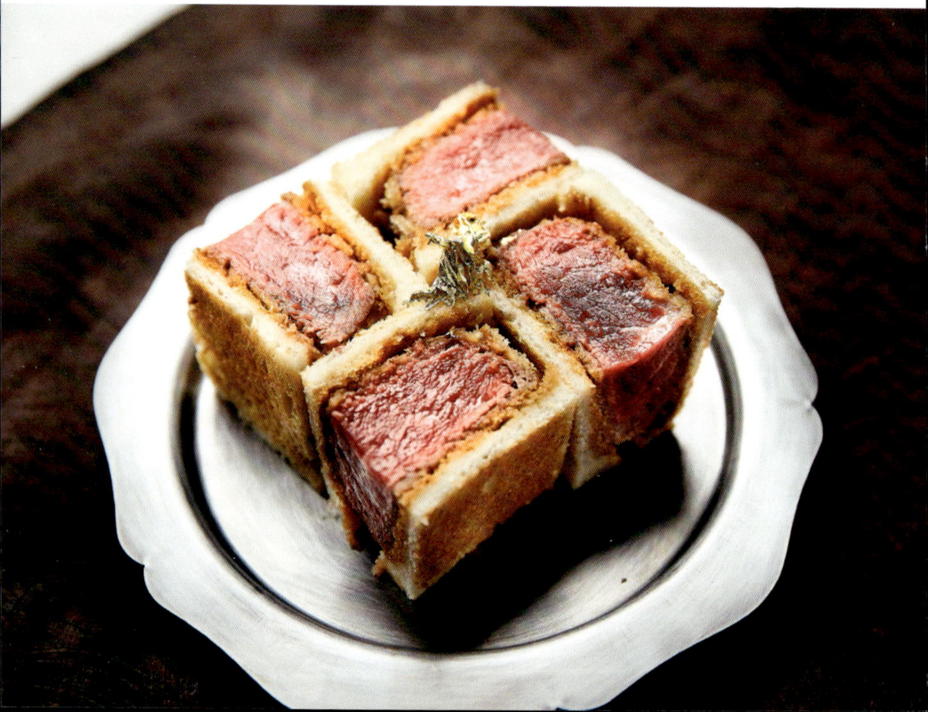

DAS BESTE SANDWICH
IHRES LEBENS

Es ist zugegebenermaßen das teuerste Sandwich in ganz Tokio, aber Sie werden es Ihr Leben lang nicht vergessen. Willkommen im Club WagyuMafia!

Auf dem Menü stehen hier Sandwiches mit Wagyū, dem Fleisch einer der besten Rinderrassen weltweit, das im Mund zergeht wie Karamell. Das verspielt in kleine Würfel geschnitten dargebotene Fleisch wird mit Panko paniert und mit einer geheimen Soße serviert. Eingezwängt zwischen zwei Scheiben japanischen Brots blickt es von seinem Thron gelassen auf Sie herab, wohlwissend, dass Sie nicht bereit sind, es je zu vergessen!

WAGYUMAFIA
THE CUTLET SANDWICH
1 CHOME-26-1-108 KAMIMEGURO,
MEGURO-KU, TOKIO

東京都目黒区上目黒1-26-1
中目黒アトラスタワー 1F

MO, DI, DO, FR, SA, SO: 11–21 Uhr
MI: geschlossen

"RENÉ MAGRITTE DINNER FOR DELVAUX" 2015
BILDNACHWEIS: MASAYUKI SAITO

KUNST
ESSEN

Wir kennen weder die Adresse noch die anderen Teilnehmer. Bis zur letzten Minute wissen wir nicht, was passieren wird. Das Einzige, was wir wissen, ist, dass es ein denkwürdiger Abend wird. Die geheimnisvolle Ayako Suwa ist eine Performancekünstlerin, die in Tokio Guerilla-Restaurants organisiert, in denen die geladenen Gäste kulinarisch Außergewöhnliches erleben und essen wie nie zuvor.

Wie Sie es auf die Gästeliste schaffen, müssen Sie selbst herausfinden …

 **FOOD CREATION**

Veranstaltungsinformationen finden Sie im Internet unter www.foodcreation.jp

"TASTE OF PHOTOGRAPHY" 2015
BILDNACHWEIS: NAOHIRO UDAGAWA

"TASTE OF LUNASOL" 2015
BILDNACHWEIS: LUNASOL

- AYAKO SUWA -
FOOD ARTIST

BILDNACHWEIS: ITTETSU MATSUOKA

Die Künstlerin Ayako Suwa hat für Dior, Agnès B, zeitgenössische Kunstmuseen und große Küchenchefs gearbeitet. Ihre Leidenschaft ist es, den Geschmack von Emotionen auf den Gaumen zu übertragen. Sie hat den Geschmack der Angst langsam mit dem des Entsetzens vermischt, dem der Schuld, des Stolzes, der Melancholie ... Ayako macht aus dem Kochen eine tiefgreifende Lebenserfahrung.

Wann entstand bei Ihnen die Lust auf ein eigenes Guerilla-Restaurant?

Mit 4 Jahren. Ich wuchs in der Natur auf, die mir Angst machte, mich gleichzeitig aber auch anzog. Die Quallen im Meer, die Insekten in den Blumen: Das faszinierte mich. Also machte ich aus meiner Spielküche ein Guerilla-Restaurant. Es gab tote Insekten, Pollen und Blüten. Ich lud jüngere Spielkameraden ein, die alles aßen. Sie wussten nicht, was es war.

Was bildet die Basis für Ihre Inspiration?

Sehnsucht, Neugier und die Lust zu essen. Wenn ich Leuten auf der Straße begegne frage ich mich oft, was sie wohl essen oder wie sie leben.

Was ist Ihre neueste Entdeckung?

Das war im Meer, Algen, die ich noch nie gesehen hatte, mit

> *Man isst, um zu leben; man kostet, um sich weiterzuentwickeln*

eigenartiger Form. Bei Lebensmitteln suche ich nicht nach gutem Geschmack, sondern nach dem Überraschenden.

Wie funktioniert ein Guerilla-Restaurant?

Die Gäste tauchen gleich nach der Ankunft in ein eigenes Universum ein. Bei Tisch gelten feste Regeln: Augen schließen, mit den Händen essen und alle Gäste stecken gleichzeitig alles auf einmal in den Mund, um allen dasselbe Geschmackserlebnis zu bieten.

Wie stellen Sie sich Ihre künftigen Guerilla-Restaurants vor?

Ein bisschen wie eine Zeremonie. Meine Bedienungen sind Künstler, denen ich eine Rolle, einen Charakter zuweise. Die

Frage, die ich mir jedes Mal stelle, lautet: Wie kann ich den Geschmack dieser Erfahrung am besten ausdrücken? Wie komme ich so an die Gäste heran, dass sie das Restaurant mit einer bleibenden Erinnerung verlassen?

Das Einzige,
was ich gerne esse,
ist das Bizarre

"JOURNEY ON THE TABLE WITH VVG TAIPEI" 2012
BILDNACHWEIS: VVG

**HOSHINOYA KARUIZAWA,
KITASAKU-GUN, NAGANO**

長野県北佐久郡軽井沢町長倉
2148

Nur für besondere Anlässe,
da sehr teuer
Ab 52.000 Yen/Nacht

+81 50-3786-1144
Reservierung erforderlich

www.hoshinoya.com/karuizawa/en

EINE MAGISCHE NACHT
VOR DEN TOREN DER STADT
3 RYOKANS AUSSERHALB VON TOKIO

> EIN LUXUS-RYOKAN

Verlassen Sie den Tokioter Mikrokosmos für eine Nacht und entfliehen Sie an einen traumhaften Ort, der wie aus einem Film von Miyazaki anmutet: das inmitten eines Waldes in Karuizawa gelegene Hotel Hoshinoya, ein großes Ryokan mit ruhigem Onsen, gepflasterten Wegen und kleinen Holzpagoden am Ufer eines Sees. Wenn es dunkel wird, gleitet leise ein Boot unter Ihrem Fenster vorbei, um die Dutzenden schwimmenden Laternen zu entzünden, die die Nacht wie Glühwürmchen erhellen. Die Zimmer in den Pagoden verfügen über ein eigenes Bad, Sie können aber auch bei gedämpftem Licht in das heiße Meditation Bath steigen.

Von Tokio 1 Stunde mit dem Shinkansen

WAS IST EIN RYOKAN?

Ein Ryokan ist eine traditionelle japanische Herberge mit regionalen Materialien (Holz, Bambus, Reispapier, Tatami) und minimalistischem Mobiliar (niedrige Tische, Schiebetrennwände, Futons), dessen Anordnung immer wieder verändert wird, da die Räume sowohl als Wohn- als auch als Schlafzimmer dienen. In Tokio gibt es nur wenige Ryokans. In Kyoto und auf dem Land ist diese Form der Unterkunft deutlich stärker verbreitet.

HOSHINOYA KARUIZAWA

> EIN PRIVATES FREILUFTBAD IN DEN BERGEN

Das Ryokan Kazekomichi mit seinen Zimmern mit Meerblick liegt in der schönen, von Palmen gesäumten Küstenstadt Atami.

Die schönste Stimmung bietet sich morgens bei einem entspannten Bad auf der zimmereigenen Terrasse mit Blick auf den Sonnenaufgang über dem Meer.

Von Tokio 30 Minuten mit dem Shinkansen

 WATEI-KAZEKOMICHI
28-18 BAIEN-CHO, ATAMI,
SHIZUOKA
静岡県熱海市梅園町28-18

Ab 38.000 Yen
für zwei Personen

contact@kazekomichi.jp

kazekomichi.jp/en

DER DISKRETE CHARME DES SHINKANSEN

Allein die unvergleichliche Schönheit der japanischen Landschaft lohnt die Reise mit dem Zug. Von Tokio aus bringen Sie zahlreiche Regionalzüge sowie der Shinkansen, der japanische Hochgeschwindigkeitszug, an die verschiedensten Orte.

Vergessen Sie vor dem Einsteigen nicht, sich bei Ekibenya Matsuri (in der Bahnhofshalle) noch ein Bento zu holen, das Sie dann mit Blick auf die vorbeiziehende Landschaft im Zug verspeisen können.

> DAS BESTE ONSEN JAPANS

Das Kusatsu Onsen in der Stadt Kusatsu wurde aufgrund der therapeutischen Qualität seines Wassers sowie der Schönheit der heißen Quellen, die das Stadtzentrum in kleinen Bachläufen durchkreuzen, zum besten Onsen Japans gekürt. Verbringen Sie den Tag in diesem Onsen und übernachten Sie im Hotel Boun.

Fahrt im Shinkansen + Regionalzug ca. 2,5 Stunden

KUSATSU ONSEN BOUN
433-1 KUSATSU-MACHI,
AGATSUMA-GUN, GUNMA

群馬県吾妻郡草津町433-1

Ab 30.000 Yen
für zwei Personen

+81 279-88-3251

www.hotelboun.com

ÜBERNACHTEN
IN EINEM KAPSELHOTEL

Kapselhotels, in denen man aus Platzgründen keine Zimmer, sondern nebeneinanderliegende Schlafkabinen mietet, gibt es in Tokio wie Sand am Meer. Wer unter Klaustrophobie leidet, sollte diese Form der Übernachtung meiden. Unser Favorit ist das Nine Hours, in dem die Gäste nur „neun Stunden" – oder vielleicht ein wenig mehr – verbringen, um sich auszuschlafen. Das Design gleicht einer intergalaktischen Raumstation und vereint den Stil und die Technologie, um die wir Japan so sehr beneiden: Leuchtwecker, ergonomische Kopfkissen, Pyjama und Hausschuhe inklusive.

BILDNACHWEIS: 9 HOURS

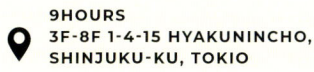

9HOURS
3F-8F 1-4-15 HYAKUNINCHO,
SHINJUKU-KU, TOKIO

東京都新宿区百人町1-4-15 ナインアワーズ北新宿ビル3-8F

| Ab 5.000 Yen | +81 3-5291-7337 | www.ninehours.co.jp |

DAS VERRÜCKTESTE
MUSEUM

Das teamLab haben wir Ihnen ja bereits weiter vorne vorgestellt. Nun haben sie erneut zugeschlagen, mit einem verrückten Projekt, das wir in letzter Minute unbedingt noch ergänzen wollten. Es handelt sich um das neu eröffnete Mori Building Digital Art, ein weltweit einzigartiges Museum, in dem die Besucher nie zweimal dasselbe sehen. Warum? Weil die Werke lebendig sind und über rund 500 Projektoren und Computer live auf den Kontakt der Besucher reagieren. Hier ein Wasserfall, der eine Wand hinunterstürzt, dort ein Spaziergang durch einen Wald aus Hängeleuchten oder entlang eines virtuellen Reisfelds. Ihre Mission? Zeigen, dass die Welt grenzenlos ist. Ziel erreicht.

 MORI BUILDING DIGITAL ART MUSEUM: TeamLab Planet 6 CHOME-1-16 TOYOSU, KOTO CITY, TOKIO 135-0061

〒135-0061東京都江東区豊洲6丁目1-16

MO-DO: 11-19 Uhr
FREITAG UND VOR FEIERTAGEN: 11-21 Uhr
SA: 10-21 Uhr
SONN- UND FEIERTAGE: 10-19 Uhr

+81 3-6406-3949

Tickets unter:
ticket.teamlab.art

Die 31. Adresse wird in der „Soul Of"-Reihe nicht verraten. Sie ist einfach zu vertraulich. Finden Sie selbst heraus, wohin es geht.

TOP SECRET: UNSERE
GEHEIMSTE ADRESSE

Einen Hinweis geben wir Ihnen, um den Eingang zu diesem kleinen Restaurant zu finden: die Adresse des 7-Eleven. Haben Sie es gefunden, erwarten Sie Gaumenfreuden wie flambierte Makrele, panierter Mais, Bruschetta mit Thunfisch, Avocado und Fischrogen, Gambas im Tempuramantel oder Honigtofu. Viel Erfolg bei der Suche!

Ausgangsadresse:

**7-ELEVEN
2F 1-11-5 JINNAN, SHIBUYA-KU,
TOKIO**

東京都渋谷区神南1-11-5
ダイネス壱番館別館2F

MO–SO: 17:30–23:30 Uhr

+81 3-3463-1010
Reservierung erforderlich

Ab 4.000 Yen

1. Gehen Sie zu der Treppe rechts des 7-Eleven

2. Steigen Sie hinauf und gehen Sie bis an das Ende des Ganges

3. Öffnen Sie die alte graue Tür zu Ihrer Rechten

4. Am Ende des Ganges finden Sie eine große und eine kleine Tür

5. Öffnen Sie die kleine Tür

6. Guten Appetit

UNSERE LIEBLINGSADRESSEN IN SACHEN

☑ **SHOPPING**
☑ **KOSMETIK**
☑ **KAWAII**

DER STAB WIRD WEITERGEREICHT

„Den Stab übergeben" – so lautet der Name dieses modernen Recyclinggeschäfts, passend zu seiner Philosophie, die darauf beruht, Dinge, an denen man hängt, an den nächsten Eigentümer weiterzugeben. Was die Sache noch spannender macht, ist die Tatsache, dass die Verkaufsobjekte berühmten Persönlichkeiten gehören, die auf dem Etikett jeweils mit einem Foto und einer kleinen Geschichte zu dem verkauften Gegenstand vorgestellt werden. Um den Kreis zu schließen, kann der Käufer dem früheren Besitzer ebenfalls eine kurze Botschaft hinterlassen.

Pass the Baton Omotesando
B2F Hills West Bldg
4-12-10 Jingumae, Shibuya-ku,
Tokio
4-12-10 表参道ヒルズ西館B2F東京都渋谷区神宮前4-12-10 表参道ヒルズ西館B2F
Mo–Sa 11–21 Uhr
Sonn- und Feiertage 11–20 Uhr
Tel.: +81 3-6447-0707
https://www.pass-the-baton.com

DIE KULTMARKE DER JAPANER

Manchmal fühlt man sich hier eher wie in einer zeitgenössischen Kunstinstallation als wie in einem Modegeschäft. Dover Street Market ist eine Idee der japanischen Designerin von Comme des Garçons, der Kultmarke, auf die viele Japaner so stolz sind. Präsentiert werden seltene Stücke aus der Kollek-

tion sowie eine schöne Auswahl von Designerkleidung. Tipp: Auf dem Dach wartet eine Überraschung auf Sie.

Dover Street Market
6-9-5 Ginza, Chuo-ku, Tokio
東京都中央区銀座6-9-5
11–20 Uhr
Tel.: +81 3-6228-5080
ginza.doverstreetmarket.com

VOYAGE, VOYAGE

Das Angebot dieses kleinen Geschäfts richtet sich an Reisende: Reisetagebücher und verschiedene inspirierende Objekte machen Lust, in den nächsten Flieger zu steigen und ans andere Ende der Welt zu fliegen.

Traveler's Factory
3-13-10 Kamimeguro, Meguro-ku,
Tokio
東京都目黒区上目黒3-13-10
oder am Flughafen Narita International
Airport, Terminal-1 4F
12–20 Uhr, Dienstag geschlossen
Tel.: +81 3-6412-7830
www.travelers-factory.com

DIE BESTE ADRESSE FÜR SECONDHAND DESIGNERMODE

Fans von Comme des Garçons, die auf der Suche nach günstigeren Preisen sind, werden im Secondhand Selectshop Ragtag Harajuku fündig.

Ragtag Harajuku
6-14-2 Jingumae, Shibuya-ku, Tokio
東京都渋谷区神宮前6-14-2
11–20 Uhr
Tel.: +81 3-6419-3770
www.ragtag.jp

VINTAGE DE LUXE

Das gut in einem Wohngebäude versteckte Geschäft ist die Adresse für alle leidenschaftlichen Sammler der mythischen Teile von Chanel.

Vintage Qoo
1F 4-11-15 Jingumae, Shibuya-ku, Tokio
東京都渋谷区 神宮前4-11-15 シナモンオーク1F
12–19 Uhr
Tel.: +81 3-6804-2017
www.qoo-online.com

EIN TEMPEL FÜR EXTRAVAGANTE OUTFITS

DOG Harajuku ist ein kleines, im Souterrain einer schmalen Straße von Harajuku verstecktes Geschäft, das sich bei näherem Hinsehen als ein Tempel für extravagante Outfits entpuppt. Hier finden Sie Kleider, die Sie nirgends tragen können, wenn Sie nicht gerade Lady Gaga oder Madonna heißen ... die sich hier übrigens eindecken, wenn sie in Tokio sind.

DOG Harajuku
Trinity Bldg B1 3-23-3 Jingumae,
Shibuya-ku, Tokio
東京都渋谷区神宮前 3-23-3, B1トリニティービル
12–20 Uhr
Tel.: +81 3-3746-8110
www. dog-hjk.com

EIN LADEN ZUM PLÜNDERN

Sie kommen her, um Mitbringsel für Ihre Freunde zu kaufen – und verlassen Tokyu Hands mit einer Tasche voller süchtig machender Gadgets für sich selbst.

Tokyu Hands
12-18 Udagawacho, Shibuya-ku, Tokio
東京都澀谷区宇田川町12-18
10–21 Uhr
Tel.: +81 3-5489-5111
www.tokyu-hands.co.jp

JAPANISCHE MESSER

Bei Kappabashi Dori finden Sie alles, was man in der Küche braucht. Machen Sie sich ein besonderes Geschenk: ein gutes japanisches Messer oder feine Keramik für eine japanische Teezeremonie, wenn Sie wieder zu Hause sind.

Kappabashi-Dori
3-18-2 Matsugaya, Taito-ku, Tokio
都台東区松が谷 3-18-2
10–17 Uhr

KIMONO VINTAGE

Chicago ist das Vintage-Geschäft in Harajuku. Im Angebot u. a. eine Auswahl von Kimonos zum kleinen Preis. Wir empfehlen einen Yukata, einen Kimono aus leichter Baumwolle, der sich gut als Bademantel eignet.

Chicago
6-31-21 Jingumae, Shibuya-ku,
Tokio
東京都渋谷区 神宮前6−31−21 オリンピアアネックスビルB１F
11–20 Uhr
Tel.: +81 3-3409-5017
www.chicago.co.jp
Ca. 2.000 Yen; die Kimonos befinden sich ganz hinten im Geschäft

BAGUETTEMANIA

Bei Ginza Natsuno Aoyama gibt es mindestens 1.000 Paar Stäbchen, darunter auch Spezialstäbchen für schwierige Speisen wie Bohnen oder Tofu.

Ginza Natsuno Aoyama
4-2-17 Jingumae, Shibuya-ku,
Tokio
銀座夏野　青山店　東京都渋谷区神宮前 4-2-17
10–20 Uhr
Sonn- und Feiertage 10–19 Uhr
Tel.: +81 3-3403-6033
www.e-ohashi.com

DER KAFFEE-SOMMELIER

Der Verkäufer dieses Geschäfts für Kaffeeliebhaber ist ein Purist: Laborkittel, Geschmacksanalyse und mindestens zehn Minuten Zeit. Dann steht die perfekte Tasse Kaffee vor Ihnen. Das Warten lohnt sich.

Koffee Mameya
4-15-3 Jingumae, Shibuya-ku, Tokio
東京都渋谷区神宮前4-15-3
10–18 Uhr
Tel.: +81-3-5413-9422
www.koffee-mameya.com

DER BESTE SUPERMARKT

Für eine erste Berührung mit der regionalen Ernährung gibt es nichts Besseres als die Lebensmittelabteilungen der großen Kaufhäuser. Unser Favorit ist Isetan mit einem reichen Angebot an kleinen Schätzen der japanischen Pâtisserie, saisonalen Produkten, Kaviar, Kobe-Rind, Sake. Vor Ort zubereiten lassen und im Hotel auf dem Bett oder in der Badewanne genießen.

Isetan Shinjuku
Isetan food section
B1F 3-14-1, Shinjuku, Shinjuku-ku, Tokio
東京都新宿区新宿3-14-1 B1F
10:30–20 Uhr
Wenn Sie sich wie ein Staatsoberhaupt fühlen wollen, kommen Sie zur Öffnung um Punkt 10:30 Uhr und genießen Sie den Gang vorbei an den in einer Reihe aufgestellten Mitarbeitern, die sich zur Begrüßung im 90°-Winkel vor Ihnen verneigen.

NAIL SALON

Das Aufbringen von Gelnägeln, künstlichen Fingernägeln aus unverwüstlichem Lack mit langanhaltendem Glanz, ist in Japan quasi eine Religion. Kaum eine Tokioterin, die sich nicht mindestens einmal im Monat, Motiv und Farbe passend zur Saison, ihre Nägel machen lässt. Uka (der Salon, von dem wir Ihnen im Zusammenhang mit dem Hair-Spa bereits erzählt haben) steht unter der Ägide der japanischen Nagelvirtuosin Kiho Watanabe. Genießen Sie die Handmassage vor der Verwandlung Ihrer Nägel.

Uka Tokyo Midtown
Galleria 2F 9-7-4 Akasaka, Minato-ku, Tokio
東京都港区赤坂9-7-4 東京ミッドタウン ガレリア2F
10–21:30 Uhr, Reservierung erforderlich
Tel.: +81 3-5413-7236
www.uka.co.jp/english/
Rechnen Sie 90 Minuten und rund 10.000 Yen für neue Gelnägel

DIE GEHEIMNISSE DER JAPANISCHEN APOTHEKEN

Erst, wenn man die Kosmetikabteilung einer örtlichen Apotheke genau unter die Lupe genommen hat, kann man behaupten, ein Land zu kennen. Die beliebteste Kette in Tokio ist Matsumoto Kyoshi, deren gelbe Schilder überall gut sichtbar leuchten. Geöffnet

bis 22 Uhr, in Shibuya (für alle mit Jet-
lag) rund um die Uhr.

Matsumoto Kyoshi
22-3, Udagawacho, Shibuya-ku, Tokio
東京都渋谷区宇田川町22-3
24/24
Tel.: +81 3-3463-1130
www.matsukiyo.co.jp

UNSERE
LIEBLINGSPRODUKTE
IN SACHEN KOSMETIK

AUGENTROPFEN

Das Geheimnis aller Fotoshootings:
diese Tropfen, die sofort nach der
Anwendung Rötungen aus den Augen
verschwinden lassen und diese hydrie-
ren und beruhigen. Bye Bye, rote Jet-
lag-Augen!
-> Rohto

AUGENMASKE

Das Geheimnis guten Schlafs für Ihren
Rückflug? Diese entspannende Maske
mit Yuzu- (japanische Zitrusfrucht)
oder Rosenduft.
-> KAO Megurhythm

ANTI-BRÄUNUNGS-CREME

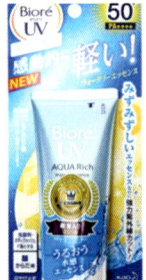

Japanerinnen hassen nichts mehr, als
gebräunte Haut. Niemals würden sie
das Haus ohne UV-Schutz im Gesicht
verlassen. Das beste Preis-Leistungs-
ver- hältnis bietet das Produkt im
kleinen hellblauen Fläschchen, das in
Japan mit seiner angenehmen, feuch-
tigkeitsspendenden Textur ohne Fett-
film mehrere Preise gewonnen hat.
-> Biore UV
50 AQUA Rich

Vergessen Sie nicht, am Ende „kawaii" zu sagen und einen kleinen Freudenschrei auszustoßen: So machen es die Japaner, um zu zeigen, dass etwas liebenswert, unschuldig und verletzlich zugleich ist. Kawaii ist Pikachu und Hello Kitty, Pastell- und Regenbogenfarben, rund, klein und zart, unbeschreiblich niedlich und vor allem eine wahre Philosophie der japanischen Popkultur, die hier sehr ernst genommen wird.

DAS KAWAII MONSTER CAFÉ

Für den Beginn Ihrer Reise in die Welt des Kawaii beamen Sie sich zunächst einmal direkt in das Paralleluniversum des Kawaii Monster Cafés, einem Ort, der mit seinen regenbogenfarbigen Kostümen, Sängern und Speisen halb Café, halb Show ist.

Kawaii Monster Café
YM square building 4F 4–31–10, Jingumae, Shibuya-ku, Tokio
東京都渋谷区神宮前4-31-10
Mittags: 11.30–16:30 Uhr
Abends: 18–22:30 Uhr
Tel.: +81 3-5413-6142
www.kawaiimonster.jp

REGENBOGEN-ZUCKERWATTE

Lassen Sie sich verwöhnen mit vor Ihren Augen zubereiteter Zuckerwatte in pastelligen Regenbogenfarben, kleinen süßen Cake-Pops oder Bon-

bons in allen Farben und Formen.

Totti Candy Factory
2F 1-16-5 Jingumae, Shibuya-ku, Tokio
東京都渋谷区神宮前1-16-5 RYUアパルトマン2F
Sa 10:30–20 Uhr
So 9:30–20 Uhr
Tel.: +81 3-3403-7007
www.totticandy.com
(in der „kawaii" Takeshita Street in Harajuku)

IPHONE NICHT VERGESSEN

In einer Stadt, die ihre Desserts (fast) ernster nimmt als ihre Politik, wird das Instagram-Königreich von Cafés wie jenem von Dominique Ansel regiert, dem Erfinder von Cronut (Kreuzung aus Croissant und Donut), Mais- und Wassermeloneneis.

Dominique Ansel Bakery
5-7-14 Jingumae, Shibuya-ku, Tokio
東京都渋谷区神宮前5-7-14
10–19 Uhr

Tel.: +81 3-3486-1329
www.dominiqueanseljapan.com

XXXXL-EIS

Anywhere Door ist eine minimalistische Eisdiele mit maximalistischem Angebot und zwölf verschiedenen Waffeln, darunter Exemplare mit gefüllter Spitze oder bunten Streuseln. Achtung vor einer Überdosis!

Anywhere Door
3-27-15 Jingumae, Shibuya-ku, Tokio
東京都渋谷区神宮前3-27-15 FLAG 1A
11–19 Uhr
Tel: +81 3-03-6721-1995
www.anywheredoor.jp

BLAU ESSEN

In dem alten Tokioter Stadtteil Asakusa befindet sich das kleine Ramen-Restaurant Kipposhi. Die Hühnersuppe ist blau (die Farbe entsteht durch eine geheime natürliche Zutat, die nur dem Koch bekannt ist) und obendrein absolut köstlich.

Kipposhi
3-1-17 Azumabashi, Sumida-ku, Tokio
東京都墨田区吾妻橋3-1-17 吾妻橋ハイム101
Mittags: 11:30–14.30 Uhr
Abends: 17:30–21 Uhr, Mittwoch geschlossen
Tel.: +81 3-6658-8802

BESUCH EINES KATZENTEMPELS

In Gotokuji erwartet Sie ein wahrer Katzentempel: Hunderte von weißen Katzenstatuen (nach dem Vorbild der berühmten Maneki-neko-Katzen, die einem mit erhobener Pfote zuwinken) sind hier auf einem Altar aufgereiht und sollen dem Besucher Glück bringen.

Gotokuji
2-24-7 Gotokuji, Setagaya-ku, Tokio
谷区豪徳寺2-24-7 豪徳寺
9–16:30 Uhr
Tel: +81 3-3426-1437

EINE EULE STREICHELN

Wohnungen in Tokio sind so klein wie Schuhkartons. Ein eigenes Haustier bleibt da oft ein schöner Traum. Also gehen die Tokioter zum Tierestreicheln in die beliebten „Animal Cafés".
Nach der Katzenbar, der Hundebar und der Hasenbar gibt es nun auch ein Eulencafé.

Owl Cafe & Bar
Harajuku ATM Bldg 4F 1-21-15 Jingumae, Shibuya-ku, Tokio
渋谷区神宮前
11–19 Uhr
www.owlvillage.jp (ca. 2.500 Yen inkl. Getränk)

SPASS IM PURIKURA-AUTOMAT

Eine Lieblingsbeschäftigung junger Japaner besteht darin, sich in sogenannten Purikuras fotografieren zu lassen, einem Fotoautomaten, der einen Star aus dir macht. Auf japanische Art. Soll heißen mit Hello-Kitty-Gesicht und Bambi-Augen. Zum Schluss noch ein virtuelles Make-up nach Wahl und Accessoires der beliebtesten Kawaii-Ikonen, fertig. Oder doch nicht? Wem das noch nicht genug ist, der kann sich auch eine Schuluniform oder ein Bedienungs- oder Einhornkostüm ausleihen.

Calla Lily
Bldg 1F
13-8 Udagawacho, Shibuya-ku, Tokio
渋谷区宇田川町13-8 渋谷ちとせ会館
11–23:30 Uhr
Tel.: +81 3-5784-0280

WIR DANKEN

AURÉLIE R dafür, dass sie die Erste war, die Fany Tokio gezeigt hat.

IKUMI dafür, dass sie sie auf all ihren Wegen begleitet und 1001 unglaubliche Telefonate für uns geführt hat.

IWONKA dafür, dass sie wahre Adressenschätze aufgestöbert, fantastische Orte entdeckt und für uns die Quadratur des Kreises geschafft hat. Und für jedes unserer saketrunkenen Lachen.

AKO dafür, dass sie uns unzählige unglaubliche Menschen vorgestellt und unsere unerhörtesten Gespräche übersetzt hat.

OUSSAMA dafür, dass er es in Japan mit uns hat krachen lassen.

KANAKO, AURÉLIE S UND FABIAN dafür, dass sie die Seele dieser Stadt in Bilder und Zeichnungen übertragen haben.

THOMAS J unserem Expeditionsleiter.

Dieses Buch ist das Werk von:

Fany und Amandine Péchiodat,
Gründerinnen von My Little Paris, Autorinnen

Iwonka Bancerek,
Co-Autorin und Reisebloggerin; folgen Sie ihr auf Instagram
unter @toteone

Kanako Kuno, Illustratorin

Fabian Parkes, Fotograf

Aurélie Saint-Martin, künstlerische Leitung und Gestaltung

Emmanuelle Willard Toulemonde, Layout

Clémence Mathé, Publishing

Tanja Felder, Übersetzung

Lea Intelmann, Korrektorat

Schreiben Sie uns an contact@soul-of-cities.com
Folgen Sie uns auf Instagram unter @soul_of_guides

*Gemäß geltender Rechtsprechung (Toulouse 14.01.1887) haftet der Verlag
nicht für unbeabsichtigte Fehler oder Auslassungen, die in dem Reiseführer
trotz größter Sorgfalt der Verlagsmitarbeiter möglicherweise vorhanden sind.
Jede Vervielfältigung dieses Buches oder von Teilen daraus ohne aus-
drückliche Genehmigung des Verlages ist untersagt.*

© JONGLEZ 2020
Pflichtexemplar: Mai 2020 – 1. Auflage
ISBN: 978-2-36195-343-0
Gedruckt in der Slowakei bei Polygraf